Inhalt

Digi-Jobs - E-Commerce-Manager, Social-Media-Experten, Channel-Planner und Corporate Blogger werden dringend gesucht

Kernthesen

Beitrag

Fallbeispiele

Weiterführende Literatur

Impressum

Digi-Jobs - E-Commerce-Manager, Social-Media-Experten, Channel-Planner und Corporate Blogger werden dringend gesucht

Harald Reil

Kernthesen

- Deutsche Unternehmen brauchen dringend Personal für die neuen Digi-Jobs, doch die Schwierigkeiten sind groß, es zu finden.
- Einer der Gründe: Für die meisten der neuen Berufe gibt es keine geregelte

- Ausbildung, die Berufsanfänger auf ihre Jobs vorbereitet.
- Bisher bringen sich Digi-Jobber ihre Kenntnisse daher noch vorwiegend in Eigenregie bei. Es gibt aber Anzeichen, dass sich diese Situation bald ändern wird.
- Eine Gemeinschaftsinitiative hat zum Beispiel eine deutschlandweit geregelte Ausbildung zum Social-Media-Manager auf den Weg gebracht, die mit einem IHK-Abschluss zertifiziert wird.

Beitrag

An Social Media führt kein Weg mehr vorbei

An Social Media führt in Zukunft kein Weg mehr vorbei, wie der Bundesverband Digitale Wirtschaft (BVDW) bei einer Umfrage unter 186 Fachleuten quer durch alle Branchen festgestellt hat. Schon heute sind sie als Teil der Kommunikationsstrategie in den meisten Firmen fest verankert. Da die Arbeit mit Social Media aber ganz sicher weiter an Bedeutung gewinnen wird, ist eine Aufstockung des Personals unvermeidlich. Da es noch zu wenig Fachleute gibt, wollen sich 62 Prozent der Unternehmen, die für die BVDW-Studie befragt wurden, die nötigen Experten entweder durch firmeninterne Fortbildungen heranziehen oder aber von außen zukaufen. (4)

Digi-Jobber wachsen nicht auf den Bäumen

Dass Word-of-Mouth-Manager, Corporate Blogger, Social-Media-Experten, Channel Planner oder E-Commerce-Manager nicht auf den Bäumen wachsen, hat verschiedene Ursachen. Einerseits gibt es noch kaum adäquate Ausbildungen, die den Nachwuchs auf die Berufswelt vorbereiten. Andererseits macht sich auch schon jetzt der viel beschworene Fachkräftemangel bemerkbar, der in Zukunft voraussichtlich sogar noch zunehmen wird, da es bisher keine vernünftigen Lösungen gibt, den demografischen Wandel in Deutschland einzudämmen, geschweige denn ihn aufzuhalten. Schon 2025 wird es daher laut einer Prognose der Bundesagentur für Arbeit sechs bis sieben Millionen Fachkräfte zu wenig geben. Im selben Zeitraum wird die Zahl junger Menschen von 19 bis 25 Jahren um 1,2 Millionen abnehmen. Weitere Gründe für den Mangel an Digi-Jobbern sind die extrem langen Arbeitszeiten sowie die niedrigen Einstiegsgehälter, mit denen vor allem Werbeagenturen keinen Hund hinter dem Ofen hervorlocken können. Das ist insofern von Bedeutung, als die Kreativschmieden im vergangenen Jahr für 82 Prozent der Stellenausschreibungen für Marketingberufe verantwortlich zeichneten. Gesucht wurden natürlich auch Digi-Jobber. [(1)](), [(2)](), [(5)](), [(8)]()

E-Commerce-Manager: Beruf mit Zukunft

Ganz allgemein aber gilt: Alle Branchen brauchen dringend Digi-Nachwuchs. Beispiel E-Commerce-Manager: Der Bedarf an Fachleuten, für die Google Analytics kein Fremdwort ist, ist sehr hoch - und er wird in Zukunft weiter wachsen. Die Gesellschaft für Konsumforschung hat zum Beispiel berechnet, dass sich von 2007 bis 2011 der Umsatz, den Non-Food-Branchen via Internethandel erzielt haben, auf 20,6 Milliarden Euro verdoppelt hat. Das entspricht einem Anteil am Gesamtumsatzvolumen von immerhin 14 Prozent. Das ist beileibe nicht schlecht, bedeutet aber vor allem eines: Es ist noch viel Luft nach oben - die ideale Spielwiese also für E-Commerce-Manager, die es aber leider nicht gibt. Wie prekär die Lage tatsächlich ist, zeigt eine weitere Studie, die der Bundesverband des Deutschen Versandhandels (BVH) unter dem Titel "Interaktiver Handel in Deutschland 2011" veröffentlicht hat. Darin ist nachzulesen, dass die E-Commerce-Erlöse im vergangenen Jahr verglichen mit dem Jahr 2010 um satte 18,5 Prozent zugelegt haben. Dieses Jahr erwartet der BVH eine weitere Steigerung, und zwar um 16,5 Prozent. (3)

Ansehnliche Gehälter für Digi-Jobber

Ein Investment in einen der neuen Digi-Jobs ist auf Dauer gesehen also ganz sicher attraktiv. Denn abgesehen von der Werbeindustrie mit ihren lausigen Konditionen zumindest für Berufsanfänger, sind in anderen Branchen die Gehälter für Digi-Jobber schon jetzt recht ansehnlich. Einige Beispiele: Berufserfahrene Channel Planner können bis zu 65 000 Euro fordern. Das Gehalt von Corporate Bloggern liegt zwischen 35 000 und 55 000 Euro pro Jahr. Firmen zahlen E-Communications-Managern ab 55 000 Euro jährlich; auf ein ähnliches Gehalt können Seeding Spezialisten hoffen. Senior-Social-Media-Entwickler tragen bis zu 70 000 Euro pro Jahr nach Hause, Top SEO/SEA-Consultants bringen es auf bis zu 90 000 Euro jährlich. Fazit: Wer seine beruflichen Karten auf einen der neuen Digi-Jobs setzt, wird kaum etwas falsch machen. Wenn es demnächst aller Voraussicht nach auch mehr geregelte Ausbildungen für diese Berufe gibt, können auch Unternehmen beruhigter in die Zukunft blicken. (8)

Trends

Hat die Regellosigkeit bald ein Ende?

Die IT-Revolution hat die Unternehmen überrollt. Sie hat Jobs geschaffen, für die es noch keine richtigen Ausbildungen gibt. Corporate Blogger, Social-Media-Manager oder Channel Planner eignen sich ihre Kenntnisse per Selbststudium an, indem sie privat auf Social-Media-Plattformen unterwegs sind. Dieser Zustand der Regellosigkeit wird sich aber wahrscheinlich bald ändern. Dann wird der professionelle Umgang mit den neuen Medien auch in das Lehrprogramm der universitären Ausbildung aufgenommen, als Lehrberuf oder als Fortbildung angeboten werden. Erste zaghafte Ansätze dafür lassen sich bereits erkennen, wie beispielsweise eine Gemeinschaftsinitiative der IHK, der DIHK-Bildungs-GmbH und der Software-Initiative zeigt. (1), (7)

Fallbeispiele

Noch regieren in der Social-

Media-Welt die Autodidakten

Carina von Vlerken, die für den Computerproduzenten Lenovo als Marketing & Communications Manager für die Region Western Europe verantwortlich zeichnet, hat sich ihre Kenntnisse über digitale und interaktive Medien beim "Training on the Job" sowie im Austausch mit anderen Social-Media-Experten in Eigenregie angeeignet. Als wesentliche Fähigkeiten bezeichnet sie das Vermögen, Infos zu filtern und Meinungen zu analysieren. Für Jochen Mai, der bei Yello Strom die Abteilung Social Media leitet, muss ein Social-Media-Manager nicht nur gut formulieren können, sondern vor allem auch fähig sein, harte Kritik - salopp auch als "Shitstorm" bezeichnet - von allen Seiten auszuhalten. Die Beherrschung der Technik ist laut Mai das kleinste Problem. Kurzum: Für den Umgang mit den neuen Medien scheinen bisher Qualifikationen zu genügen, die beispielsweise auch ein guter Journalist vorweisen kann. Mais und von Vlerkens Berufskarrieren dürften daher prototypisch für die erste Generation von Medienexperten sein, die in der Flut der Neuerungen, die die digitale Revolution mit sich gebracht hat (und natürlich noch immer mit sich bringt,) lernen musste, ohne Anleitung so schnell wie möglich zu schwimmen, damit sie nicht untergeht. Oder prosaischer formuliert: Bisher triumphierte die Autodidaktik über eine formelle Ausbildung. Eine Änderung des Status Quo ist aber schon in Sicht. (4)

Bundeseinheitlicher IHK-Lehrgang zum Social-Media-Manager

Die Industrie- und Handelskammer hat zusammen mit der DIHK-Bildungs-GmbH und der Software-Initiative Deutschland ein Novum aus der Taufe gehoben: den ersten Fortbildungslehrgang zum Social-Media-Manager, der deutschlandweit einheitlich geregelt ist. Der Kurs mit IHK-Abschluss dauert zwei Monate, die sich auf 62 Unterrichtsstunden aufteilen, und kostet 1 760 Euro. (1)

Gezielte Vorbereitung auf Jobs in den Neuen Medien

Tomorrow Focus, Burda Digital und Pro Sieben Sat1 Digital haben zusammen mit der Ludwig-Maximilians-Universität in München (LMU) die Initiative "Internet Business Cluster" (IBC) ins Leben gerufen. Studenten der Universität können sich in den LMU-Instituten "Wirtschaftsinformatik und

Neue Medien" sowie "Electronic Commerce und Digitale Märkte" gezielt auf die neuen Anforderungen in den Marketingabteilungen von Unternehmen vorbereiten. (6)

Weiterführende Literatur

(1) Klick zur Karriere
aus DIE WELT, 26.11.2011, Nr. 48, S. 8

(2) Die sind doch nicht blöd
aus DIE ZEIT, 02.02.2012 Nr. 06 Seite 068

(3) Die alte und neue Welt verbinden
aus Absatzwirtschaft Nr. 04 vom 30.03.2012 Seite 042

(4) Gut vernetzt und sturmerprobt
aus Absatzwirtschaft Nr. 03 vom 24.02.2012 Seite 042

(5) Der Kunde führt
aus Horizont 06 vom 09.02.2012 Seite 001

(6) Mehr Spezialisten für das digitale Handwerk
aus Absatzwirtschaft Nr. 01/02 vom 27.01.2012 Seite 048

(7) Neue Medien, neue Berufe - Kommunikation im Internet benötigt Spezialisten
aus Badische Zeitung vom 19.11.2011, Seite 15

(8) Neue Berufe bieten Perspektive
aus HORIZONT 37 vom 15.09.2011 Seite 034

Impressum

Digi-Jobs - E-Commerce-Manager, Social-Media-Experten, Channel-Planner und Corporate Blogger werden dringend gesucht

Bibliografische Information der deutschen Nationalbibliothek

Die Deutsche Nationalbibliothek verzeichnet diese Publikation in der deutschen Nationalbibliografie; detaillierte bibliografische Daten sind im Internet über http://dnb.d-nb.de abrufbar.

ISBN: 978-3-7379-0388-2

© 2015 GBI-Genios Deutsche Wirtschaftsdatenbank GmbH, Freischützstraße 96, 81927 München, www.genios.de

Alle Rechte vorbehalten. Dieses Werk ist einschließlich aller seiner Teile – z.B. Texte, Tabellen und Grafiken - urheberrechtlich geschützt. Jede Verwertung außerhalb der Grenzen des Urheberrechtsgesetzes bedarf der vorherigen Zustimmung des Verlags. Dies gilt insbesondere auch für auszugsweise Nachdrucke, fotomechanische Vervielfältigungen (Fotokopie/Mikroskopie), Übersetzungen, Auswertungen durch Datenbanken oder ähnliche Einrichtungen und die Einspeicherung und Verarbeitung in elektronischen Systemen.